FERIENLAND COCHEM

– Die schönsten Seiten der Mosel –

Cochem – The most beautiful facets of the Moselle

Vakantieland Cochem – De mooiste plekjes langs de Moezel

Mit Texten von Dieter Junker
und Fotos von Jürgen Mosler

With texts by Dieter Junker
and photographs by Jürgen Mosler

Met teksten van Dieter Junker
en foto's van Jürgen Mosler

Titel: Reichsburg Cochem; unten v. l. n. r.: Altstadt Cochem, Klosterkirche in Beilstein, St. Martin in Ediger

Titel: Reichsburg Cochem; below from left to right: Cochem old town quarters, monastery church in Beilstein, St. Martin in Ediger

Titel: Rijksburcht Cochem; onderaan v.l.n.r.: de oude stad van Cochem, kloosterkerk in Beilstein, St. Martin in Ediger

Verlag Beleke

Inhalt

Contents

Inhoud

Herausgeber: Norbert Beleke

Text und Konzeption: Dieter Junker
Fotos: Jürgen Mosler
Vebandsgemeindeverwaltung Cochem: S. 6, 15, 71, 73 m., u. (3); Berthold Werner: S. 96
Kartografie: Revilak Kartografien Bender Verlagsgesellschaft GmbH

Ein besonderer Dank gilt der Verbandsgemeindeverwaltung und der Tourist-Information, Cochem, für die freundliche Unterstützung und Begleitung dieses Buches
www.vgcochem.de

Übersetzung: St. Clair Consulting
Lektorat und Projektleitung: Thomas Sliepen
Gesamtherstellung: Verlagsgruppe Beleke
Grafische Gestaltung: Jürgen Mosler

Verlagsgruppe: Verlag Beleke GmbH, Essen, Aachen, Dortmund, Lübeck, Wiesbaden
DAS RATHAUS Verlagsges. mbH, Essen
Max SCHMIDT-RÖMHILD KG - Deutschlands ältestes Verlags- und Druckhaus seit 1579 - Lübeck, Berlin, Essen, Wiesbaden
HANSISCHES VERLAGSKONTOR GmbH, Lübeck
SCHMIDT-RÖMHILD Verlagsgesellschaft mbH Leipzig, Rostock, Schwerin
Verlag Wendler GmbH, Aachen
ELVIKOM Film-Verlag GmbH, Essen
ntv neue television FILM-TV-PRODUKTION GmbH, Essen
www.beleke.de

ISBN 978-3-8215-0639-5

Einführung

Die Mosel, das ist Kulturlandschaft pur. Zwischen Eifel und Hunsrück fließt der Fluss hier in zahlreichen Schleifen langsam Richtung Rhein. Zu beiden Seiten die Weinberge mit den Reben, die diese Landschaft so prägen. Malerische Dörfer entlang des Flusses sind hier zu sehen, manche überragt von mächtigen Burgen oder Burgruinen.

Das Ferienland Cochem, im Herzen der Mosel zwischen Bremm und Klotten gelegen, gehört dabei zu den schönsten Landstrichen dieser Region.

Introduction

The area along the river Moselle is a landscape rich in culture. Here, between the Eifel and Hunsrueck mountain ranges, the river takes many loops as it meanders slowly towards the Rhine. Both sides are adorned with the vineyards that are so characteristic of this landscape. The riverside is dotted with picturesque villages, some of them dominated by mighty castles and ancient ruins.

The Cochem region, in the heart of the Moselle, located between Bremm and Klotten, is among the most beautiful holiday destinations in Germany. Here

Inleiding

De Moezel, dat is cultuurlandschap puur. Tussen Eifel en Hunsrück stroomt de rivier in talrijke bochten langzaam richting Rijn. Aan beide oevers van de rivier de wijnbergen met de wijngaarden die zo kenmerkend zijn voor deze regio. Langs de rivier verscheidene schilderachtige dorpjes, vaak in de schaduw van een machtige burcht of burchtruïne.

Vakantieland Cochem, in het hart van de Moezelstreek tussen Bremm en Klotten, is een van de mooiste gebieden in deze regio. Hier kan u een

Hoch über Cochem: Die Reichsburg, links die Pestkapelle St. Rochus

High above Cochem: The Reichsburg, to the left the plague chapel St. Rochus

Hoog boven Cochem: de Rijksburcht, met links de pestkapel St. Rochus

Hier gibt es eine schier unglaubliche Vielfalt an Sehenswürdigkeiten. Bei Bremm ist es der Calmont, der steilste europäische Weinberg, gegenüber die beeindruckende Klosterruine Stuben inmitten der Weinberge. Ediger und Eller mit den wunderschönen Fassaden. Hoch über Nehren die Römergräber, gegenüber Senheim mit vielen kulturellen Farbtupfern in den Weinbergen und am Fluss. Dazu idyllische Weinorte wie Mesenich, Briedern und Ellenz-Poltersdorf.

Kurz danach der unvergessliche Blick auf Beilstein, das Kleinod an der Mosel mit dem Kloster und der Ruine Metternich. Nach Bruttig-Fankel, Ernst und Valwig dann die majestätische Reichsburg hoch über Cochem mit ihren vielen Türmchen und Erkern. Und natürlich Cochem, die Perle im Moseltal. Schließlich am Ende des Ferienlandes Cochem noch Klotten, ebenfalls von einer Burg gekrönt. Und wer den Blick aus dem Moseltal nach oben richtet, der erkennt die Eifel und ahnt deren Schönheit.

Es ist eine Landschaft zum Staunen, zum Innehalten und zum Erholen. Seit Jahrhunderten kommen Menschen hierher, um Urlaub zu machen, um die Region zu entdecken und sich hier wohl zu fühlen. Das Ferienland Cochem – es sind die schönsten Seiten der Mosel.

there is an almost incredible variety of sights to enjoy. At Bremm there is the Calmont, the steepest vineyard in Europe, across from it the impressive ruins of Stuben Abbey in the midst of the vineyards. Then there are Ediger and Eller with their breathtakingly beautiful facades. High above Nehren are Roman graves; on the other side, Senheim with many cultural splashes of colour in the vineyards and at the riverside. Here you will also find idyllic wine-growing villages such as Mesenich, Bridern and Ellenz-Poltersdorf.

A short way downriver there is the chance to savour the unforgettable view of Beilstein, the gem on the Moselle with its abbey and the ruins of Metternich. Shortly after Bruttig-Fankel, Ernst and Valwig you come to the majestic imperial castle high above Cochem, with its myriad of turrets and bays. And, naturally there is Cochem itself, the pearl of the Moselle valley. Finally, as you come to the end of this holiday region you can look forward to Klotten, also crowned by a castle. And if you direct your gaze upwards from the Moselle valley, you will be rewarded with a glimpse of the magnificent Eifel.

This is a landscape to marvel at, to pause and to regenerate. People have been coming here for centuries for their holidays, to discover the region and to relax. Cochem – the most beautiful facets of the Moselle.

hele schare aan bezienswaardigheden ontdekken. Zo vindt u bij Bremm de Calmont, de steilste wijnberg van Europa, recht tegenover de indrukwekkende kloosterruïne van Stuben, te midden van de wijnbergen. In Ediger en Eller kan u dan weer de wondermooie gevels gaan bewonderen. Of hoog boven Nehren en tegenover Senheim de Romeinse graven, of de vele culturele bezienswaardigheden op de wijnbergen en langs de rivier. En dan zijn er nog de talrijke idyllische wijnstadjes zoals Mesenich, Briedern en Ellenz-Poltersdorf.

Vlak daarna volgt het onvergetelijke zicht op Beilstein, het juweeltje aan de Moezel met het klooster en de ruïne van Metternich. Even na Bruttig-Fankel, Ernst en Valwig doemt dan de majestueuze rijksburcht hoog boven Cochem op, met zijn ontelbare torentjes en erkers. En natuurlijk Cochem zelf, de parel van het Moezeldal. Ten slotte aan de rand van het Vakantieland Cochem nog Klotten, eveneens bekroond met een burcht. En wie vanuit het Moezeldal even naar boven kijkt, krijgt al een voorproefje van de schoonheid van de Eifel.

Het is een landschap om even verwonderd bij stil te staan en eenvoudigweg te genieten. Al eeuwen lang komen mensen hier met vakantie om de regio te ontdekken en het naar hun zin te hebben. Vakantieland Cochem – dat zijn de mooiste plekjes langs de Moezel.

Cochem – Perle im Moseltal

Cochem zieht rasch jeden in seinen Bann. Das malerische Moseltal, die Altstadt zu Füßen der majestätischen Reichsburg – seit Generationen ist dies der Inbegriff der Moselromantik. 886 wird die „Villa cuchema“ erstmals erwähnt. Cochem erhielt bereits 1332 die Stadtrechte, davon zeugen heute noch Reste der Stadtbefestigung. Mitte des 17. Jahrhunderts wurde das Kapuzinerkloster gebaut, das, neben der Reichsburg, das Stadtbild von Cochem prägt.

Cochem – Pearl of the Moselle Valley

Cochem quickly charms all who come here. The picturesque Moselle valley, the historic old town at the foot of the majestic imperial castle – for generations this has been the essence of the romantic Moselle. The “Villa cuchema” is first mentioned in 886. Cochem received its town charter as early as 1332, as evidenced until today in the remains of the city’s fortifications. The Capuchin Monastery was built in the middle of the 17th century, and along with the imperial castle it

Cochem – Parel in het Moezeldal

Cochem krijgt al snel elke bezoeker in zijn ban. Het schilderachtige Moezeldal, de oude stad aan de voet van de majestueuze rijksburcht – al eeuwenlang is deze plaats het schoolvoorbeeld van Moezelromantiek. In 886 werd Villa Cuchema voor het eerst vermeld. Reeds in 1332 verkreeg Cochem stadsrechten, waarvan vandaag de resten van de stadsvesting nog getuigen. In het midden van de 17de eeuw werd het kapucijnerklooster gebouwd, dat net zoals de

Marktplatz in Cochem mit Rathaus und katholischer Pfarrkiche St. Martin

Market square in Cochem with town hall and Catholic parish church of St. Martin

Marktplein in Cochem met het stadhuis en de katholieke parochiekerk St. Martin

Im pfälzischen Erbfolgekrieg wurden 1689 Stadt und Burg zerstört. Erst Ende des 19. Jahrhunderts sollte die Reichsburg wieder in ihrer vollen Schönheit erstrahlen. Der Industrielle Jacob Frederic Louis Ravené ließ die Ruine 1866 wieder aufbauen. Mit der Bahn kamen dann die ersten Touristen in die Stadt. Eine Moselbrücke verbindet seit 1927 Cochem mit dem gegenüberliegenden Cond, das seit 1932 ebenso wie Sehl zu Cochem gehört.

gives the city of Cochem its inimitable character.
The city and the castle were destroyed in 1689 during the Palatine War of Succession, and it was only at the end of the 19th century that the imperial castle was to shine in its full splendour. The industrialist Jacob Frederic Louis Ravené had the ruins rebuilt in 1866. It was the rail link that brought the first tourists into the town. Since 1927 a bridge over the Moselle connects Cochem with Cond, which is located across

rijksburcht het stadsbeeld van Cochem bepaalt.
Tijdens de Negenjarige Oorlog werden in 1689 zowel de stad als de burcht vernield. Pas op het einde van de 19de eeuw zou de rijksburcht weer in haar volle schoonheid stralen. De industrieel Jacob Frederic Louis Ravené liet de ruïne in 1866 weer opbouwen. Met de komst van de trein kwamen vervolgens ook de eerste toeristen. Een Moezelbrug verbindt sinds 1927 Cochem met het tegenoverliggende Cond, dat

Moselpromenade bei Cochem

Moselle promenade near Cochem

Moezelpromenade bij Cochem

Heute ist Cochem mit seinen rund 5000 Einwohnern eines der beliebtesten Urlaubsziele an der Mosel. Die Menschen schätzen das Flair der Altstadt mit den malerischen Winkeln, dem mittelalterlichen Marktplatz und der einladenden Gastronomie. Cochem – die Perle im Moseltal.

the river and which, along with Sehl, has been part of Cochem since 1932.

Today, a town of around 5000 inhabitants, Cochem is one of the most popular holiday destinations on the Moselle river. People appreciate the atmosphere of the historic old town with its quaint nooks and crannies, the medieval marketplace and the tempting gastronomic delights. Cochem – the pearl of the Moselle valley.

sinds 1932 net zoals Sehl bij Cochem hoort.

Vandaag de dag is Cochem met zijn 5.000 inwoners een van de meest geliefde vakantiebestemmingen langs de Moezel. De bezoekers schatten de flair van de oude stad met de schilderachtige winkels, de middeleeuwse marktplaats en de uitstekende gastronomie duidelijk naar waarde. Cochem – de parel in het Moezeldal.

Das Enderttor aus dem Jahre 1332 und die „Alte Thorschenke“

The Enderttor dating back to the year 1332 and the "Alte Thorschenke"

De Endertpoort uit 1332 en de 'Alte Thorschenke'

Blick auf Cochem und Cond

View of Cochem and Cond

Zicht op Cochem en Cond

Cochems Altstadt: historische Häuser, wohin man blickt

Historical buildings in the old town quarters of Cochem

De oude stad van Cochem: historische huizen bij de vleet

Das so genannte „Schiefe Haus“ an der Herrenstraße Nr. 24

The so-called "sloping house" in 24 Herrenstraße

Het zogenaamde 'Scheve Huis' aan de Herrenstraße nr. 24

Der Platz „Schrombe Kaul“ am Übergang von der Oberbach- in die Unterbachstraße

"Schrombe Kaul" square at the junction of Oberbach- and Unterbachstraße

Het pleintje 'Schrombe Kaul' aan de overgang van de Oberbach- in de Unterbachstraße

Auf dem Klosterberg: Alte, verwinkelte Steintreppen führen hinauf zum 1632 gegründeten Kapuzinerkloster

At the top of Klosterberg: Old, winding stone steps lead up to the Capuchin Monastery founded in 1632

Op de kloosterberg: een wirwar van oude stenen trappen leidt naar het hogerop gelegen kapucijnerklooster dat in 1632 werd gesticht

Oben: Antike Weinstube auf der Schloßstraße
Rechts und unten: Unterbachstraße mit Stadttor

Above: Traditional wine tavern on Schloßstraße
Right and below: Unterbachstraße and town gate

Boven: Antiek wijnhuisje in de Schloßstraße
Rechts en onder: Unterbachstraße met stadspoort

Cochemer Moselpromenade *Moselle promenade in Cochem* *De Moselpromenade in Cochem*

Weihnachtsstimmung in Cochem *Festive atmosphere in Cochem* *Kerstsfeer in Cochem*

Oben links und rechts: Das Balduinstor
Unten: Blick auf die Altstadt und die Stadtbefestigung mit dem Balduinstor

Above left and right: The Balduinstor
Below: View of the old town quarters, the town fortification and the Balduinstor

Boven links en rechts: De Balduinspoort
Onder: Zicht op de oude stad en de stadsvesting met de Balduinspoort

Personenfähre zwischen Cochem und Cond

Ferry service between Cochem and Cond

Veerpont tussen Cochem en Cond

Das Fahrgastschiff „Wappen von Cochem“ vor der Kulisse von Cond

The "Wappen von Cochem" passenger boat with Cond in the background

Het passagiersschip ‘Wappen von Cochem’ met Cond op de achtergrond

Historische Senfmühle und Senfmuseum in Cond

Historical mustard mill and Mustard Museum in Cond

Historische mosterdmolen en mosterdmuseum in Cond

Der „Weinhexenkeller‘ in Cond

The "Weinhexenkeller" in Cond

De ‘Weinhexenkeller’ in Cond

Cochem-Sehl (oben links die katholische St.-Antonius-Kapelle)

Cochem-Sehl (top left the Catholic chapel of St. Antonius)

Cochem-Sehl (boven links de katholieke kapel van St. Antonius)

Mit der Sesselbahn zum Pinnerkreuz

Chair lift to Pinnerkreuz

Met de stoeltjeslift naar het Pinnerkreuz

Kloster Ebernach in Sehl *Ebernach Monastery in Sehl* *Klooster Ebernach in Sehl*

Linke und rechte Seite: Reichsburg Cochem

Left and right page: Reichsburg Cochem

Links en rechts: de Rijksburcht van Cochem

Pestkapelle St. Rochus unterhalb der Reichsburg Cochem

The plague chapel of St. Rochus below Reichsburg Cochem

Pestkapel St. Rochus onder de Rijksburcht van Cochem

Gut 80 Meter über dem Tal des Endertbaches liegt die Winneburg

The Winneburg is situated more than 80 metres above the valley of the Endertbach

Ruim 80 meter boven het dal van de Endertbach ligt de Winneburcht

Beilstein – Dornröschen der Mosel

Beilstein, das ist das „Dornröschen an der Mosel". Schon lange wachgeküsst, kann es doch immer wieder neu entdeckt werden. In Beilstein findet der Besucher eines der schönsten historischen Ortsbilder an der ganzen Mosel. Nicht ohne Grund war dieser Ort schon Filmkulisse.

Die weit über die Mosel hinaus bekannte Klostertreppe führt hinauf in die Klosterkirche. Von hier hat man einen herrlichen Blick ins Moseltal und auf Beilstein. Auch die reich ausgestattete barocke Kirche

Beilstein – Sleeping Beauty of the Moselle

Beilstein is the "Sleeping Beauty on the Moselle". Kissed awake long ago, it is always worth rediscovering. Visitors to Beilstein will find one of the most beautiful historic townscapes on the entire Moselle. It comes as no surprise that this town has been used as the setting for many films.

Well known far beyond the Moselle region itself, the monastery stairway leads up to the abbey church. From this vantage point, you get a magnificent view of the Moselle

Beilstein – De schone slaapster aan de Moezel

Beilstein, de 'Schone Slaapster aan de Moezel'. Alhoewel dit dorpje reeds lang geleden wakker werd gekust, moet men het toch steeds weer opnieuw ontdekken. In Beilstein treft de bezoeker een van de mooiste historische dorpsbeelden in de hele Moezelstreek aan. Het is dan ook niet verwonderlijk dat deze plaats reeds vaak dienst deed als filmdecor.

De tot ver buiten de Moezelstreek bekende kloostertrap leidt naar de hoger gelegen kloosterkerk. Van hieruit heeft men een heerlijk uitzicht

Beilstein mit Klosterkirche

Beilstein and monastery church

Beilstein met de kloosterkerk

birgt einige Schätze, so die „Schwarze Madonna“, die von den Spaniern nach dem Dreißigjährigen Krieg hier zurückgelassen wurde.

Auf der gegenüberliegenden Bergkuppe liegt die Burgruine Metternich, die im 13. Jahrhundert erstmals erwähnt und wie so viele Moselburgen im pfälzischen Erbfolgekrieg zerstört wurde. Auch hier lohnt ein Besuch. Sie ist in privatem Besitz. Der Burgfried gewährt einen traumhaften Blick ins Tal, ein Burgcafé lädt zum Verweilen ein.

valley and over Beilstein. The richly appointed baroque church is also the home of several treasures such as the "Black Madonna", which was left behind here by the Spaniards following the Thirty Years War.

The opposing mountain top is the site of the castle ruin of Metternich, first mentioned in the 13th century, which like many of the Moselle castles was destroyed in the Palatine War of Succession. A visit here is certainly worthwhile. Privately owned, the castle has a keep that affords a spectacular view of the valley, while a castle café invites you to linger and stay a while.

over het Moezeldal en Beilstein. Ook de rijkelijk versierde barokkerk herbergt enkele schatten, zoals de 'Zwarte Madonna' die hier door de Spanjaarden na de Dertigjarige Oorlog werd achtergelaten.

Op de aan de overkant gelegen bergtop ligt de burchtruïne Metternich, die voor het eerst vermeld werd in de 13de eeuw en net zoals zoveel andere Moezelburchten tijdens de Negenjarige Oorlog werd verwoest. Ook deze burcht, die tegenwoordig privaat bezit is, is zeker bezoekje waard. Van op de burchttoren heeft men een sprookjesachtig zicht in het dal, terwijl men in het burchtcafé gezellig een drankje kan nuttigen.

Beilstein und Burgruine Metternich

Beilstein and ruin of Metternich castle

Beilstein en de burchtruïne van Metternich

Die berühmte Klostertreppe in Beilstein diente schon für mehrere Spielfilme als Kulisse

The famous monastery stairs in Beilstein have featured in several movies

De beroemde kloostertrap in Beilstein deed reeds meermaals dienst als filmdecor

Mittelalterliche Gasse und uriger Weinkeller in Beilstein

Medieval lane and quaint wine cellar in Beilstein

Middeleeuwse steegjes en gezellige wijnkelders in Beilstein

Oben: Der Marktplatz mit dem Zehnthaus aus dem Jahre 1537
Unten rechts: Der Zehnthauskeller
Unten links: Die ehemalige Synagoge von Beilstein

Above: Market square with the tithe building dating back to the year 1537
Below right: The cellar of the tithe building
Below left: The former Beilstein synagogue

Boven: Het marktplein met het Tiendenhuis uit 1537
Onder rechts: De kelder van het Tiendenhuis
Onder links: De voormalige synagoge van Beilstein

Altes Zollhaus *The old tax building* *Het oude tolhuis*

Historische Bauten an der Alten Wehrstraße *Historic buildings along Alte Wehrstraße* *Historische gebouwen bij de Alte Wehrstraße*

Haus Burg Metternich an der Promenade von Beilstein

Haus Burg Metternich restaurant on the promenade leading from Beilstein

Haus Burg Metternich aan de promenade van Beilstein

Innenansicht der Klosterkirche mit Blick zum Altar

Interior of the monastery church with a view of the altar

Binnenzicht van de kloosterkerk met het altaar

Orgelempore und Kanzel | Organ loft and pulpit | Orgelgalerij en preekstoel

Schwarze Madonna
Black Madonna
Zwarte Madonna

Vesperbild
Pietà
Piëta

Gastronomie an der Klosterkirche: Klosterterrassen und Café

Restaurant in the grounds of Klosterkirche: Klosterterrassen and Café

Gastronomie bij de kloosterkerk: kloosterterras en café

Burgruine Metternich *The Metternich castle ruin* *Burchtruïne van Metternich*

Blick von der Burgruine Metternich auf Beilstein mit der Klosterkirche St. Josef und Ellenz (links)

View of Beilstein with Klosterkirche St. Josef and Ellenz (left) as seen from the Metternich castle ruins

Zicht vanaf de burchtruïne van Metternich op Beilstein met de kloosterkerk St. Josef und Ellenz (links)

Der Bergfried der Burgruine Metternich dient als Aussichtsturm

The keep within the ruins of Metternich castle is used as an observation tower

De burchttoren van de burchtruïne van Metternich doet dienst als uitzichttoren

Die Kapelle „Zu den drei Kreuzen“ und der alte jüdische Friedhof hinter der Burgruine Metternich

The "Chapel of the Three Crosses" and the old Jewish cemetery behind the Metternich castle ruin

De kapel 'Zu den drei Kreuzen' en het oude joodse kerkhof achter de burchtruïne van Metternich

Blick auf Burg Metternich, Beilstein, Ellenz (links) und Bruttig-Fankel (rechts im Hintergrund)

View of Metternich, Beilstein, Ellenz (left) and Bruttig-Fankel (background, right)

Zicht op Burg Metternich, Beilstein, Ellenz (links) en Bruttig-Fankel (rechts op de achtergrond)

Kulturweg „Erlebnis Moselkrampen“ – im Hintergrund Beilstein

"The Moselkrampen Experience" cultural trail with Beilstein seen in the background

Cultuurroute 'Erlebnis Moselkrampen' – op de achtergrond Beilstein

Auf schmalen Pfaden geht es von Beilstein nach Fankel

Narrow pathways leading from Beilstein to Fankel

Over smalle paden van Beilstein naar Fankel

Auf den Spuren eines Schmetterlings

Ihn gibt es nur hier: den „Moselapollo". Dabei handelt es sich um einen kleinen Schmetterling, der sich in den Weinbergen und an den Steilhängen der Mosel rund um Valwig wohl fühlt und weltweit einzigartig ist. Wer ihn entdecken will, der sollte sich zwischen Mai und Juli auf den rund sieben Kilometer langen Apolloweg durch die Steilhänge zwischen Valwig und Cochem-Cond begeben.

Valwig, im 9. Jahrhundert erstmals erwähnt, gehört zu den ältesten Moselorten und hat römisch-keltischen Ursprung. Sehenswert ist die von dem bekannten preußischen Baumeister Johann Claudius

On the trail of a butterfly

It only exists here: the "Moselle Apollo". What we are referring to is a small butterfly that feels at home in the vineyards and the steep slopes surrounding Valwig and is unique worldwide. If you would like discover its beauty for yourself, you should consider the months of May to July for a walk along the approximately seven kilometre (4.4 mile) Apollo Trail that winds through the escarpments between Valwig and Cochem-Cond.

Valwig, first mentioned in the 9th century, is among the oldest Moselle towns and is of Roman and Celtic origin. It is well worth seeing the parish church erected by the renowned

In het spoor van een vlinder

Enkel hier te zien: de Moezelapollovlinder. Het gaat om een kleine vlinder die zich opperbest voelt op de wijnbergen en de steile hellingen van de Moezel in de buurt van Valwig en wereldwijd een unicum vormt. Wie de vlinder met eigen ogen wil aanschouwen, moet tussen mei en juli de ongeveer zeven kilometer lange Apolloroute door de steile hellingen tussen Valwig en Cochem-Cond afleggen.

Valwig, voor het eerst vermeld in de 9de eeuw, is een van de oudste Moezeldorpen en heeft een Romeins-Keltische oorsprong. Bezienswaardig is de door de bekende Pruisische

Alter Kreuzweg (Apolloweg)

Old path leading past a Station of the Cross (Apolloweg)

Oude kruisweg (Apolloweg)

von Lassaulx 1823–27 errichtete Pfarrkirche, die erste neoromanische Kirche in Deutschland.

Und wer den Steilhang erklommen hat, der findet auf dem Valwiger Berg nicht nur atemberaubende Blicke ins Moseltal, sondern auch die Wallfahrtskirche „St. Maria und Maria Magdalena“ aus dem 15. Jahrhundert, die heute noch das Ziel zahlreicher Pilger ist.

Prussian master builder Johann Claudius von Lassaulx in 1827, the first Neo-Romanesque church in Germany.

And once you have climbed the steep slope, you will not merely be greeted by a breathtaking view over the Moselle valley, but you will come upon the pilgrimage church St. Mary and Mary Magdalene, dating back to the 15th century, which is still the destination of many pilgrims to this day.

bouwheer Johann Claudius von Lassaulx in 1927 opgerichte parochiekerk, de eerste neoromaanse kerk in Duitsland.

En wie de steile helling beklommen heeft, kan op de Valwiger Berg niet enkel genieten van de adembenemende vergezichten over het Moezeldal, maar treft er ook de bedevaartskerk van St. Maria en Maria Magdalena uit de 15de eeuw aan, die vandaag nog steeds de bestemming van verschillende pelgrims vormt.

Die 1823–27 erbaute Pfarrkiche St. Martin in Valwig

St. Martin parish church in Valvig, built in 1823–27

De tussen 1823 en 1827 gebouwde parochiekerk St. Martin in Valwig

Dorfansichten in Valwig

Rural impressions in Valwig

Dorpsgezichten van Valwig

Wallfahrtskirche „St. Maria und Maria Magdalena“ in Valwigerberg

Pilgrimage church "St. Mary and Mary Magdalene" in Valwigerberg

Bedevaartskerk van St. Maria en Maria Magdalena in Valwigerberg

Ehemaliges Pfarrhaus in Valwigerberg

Former rectory in Valwigerberg

Voormalig parochiehuis in Valwigerberg

Vom Apolloweg am Valwiger Berg reicht der Blick von Ernst bis nach Bruttig

The view from Apolloweg at Valwiger Berg stretches from Ernst to Bruttig

Vanaf de Apolloweg op de Valwiger Berg reikt het zicht van Ernst tot bij Bruttig

Am steilsten Weinberg Europas

Es ist die bekannteste und vielleicht schönste Moselschleife – der Calmont zwischen Bremm und Ediger-Eller. Er ist der steilste Weinberg Europas. Wer in schwindelerregender Höhe das Moselpanorama mit dem gegenüberliegenden Neefer Petersberg und der Klosterruine Stuben genießt, der wird sich in diese Landschaft verlieben. Der Calmont ist ein Wanderparadies. Für anspruchsvolle Wanderer lohnt sich der Calmont-Klettersteig. Trittbügel, Seile und Leitern helfen, damit der Kletterer sicher durch den Steilhang

On Europe's steepest vineyard

At the best known and possibly the most beautiful loop of the Moselle is the Calmont, located between the Moselle river towns of Bremm and Ediger-Eller. It is a vineyard that can lay claim to the title "steepest vineyard in Europe". Anyone who takes to its dizzying heights to enjoy the Moselle panorama with the Neefer "Petersberg" and the ruin of the Stuben cloister on the opposite side is bound to fall in love with this landscape. The Calmont is a hiker's paradise. For the more ambitious, it pays to take the Calmont climbing route, where stepping brackets, cables and

Op de steilste wijnberg van Europa

De bekendste en misschien wel mooiste Moezelbocht – de Calmont tussen Bremm en Ediger-Eller. De steilste wijnberg van Europa. Wie op deze duizelingwekkende hoogte geniet van het panorama over de Moezel en de aan de overkant bij Neef gelegen Petersberg en de kloosterruïne van Stuben, zal op slag verliefd raken op dit landschap. De Calmont is trouwens een echt wandelparadijs. Voor ambitieuze wandelaars is de beklimming van de Calmont zeker de moeite waard. Voetbeugels, touwen en ladders helpen de klimmers om veilig

Im Calmont-Klettersteig

The Calmont hiking trail

Bij het klimpad op de Calmont

Moselweinstraße in Ediger

Moselweinstraße in Ediger

Moselweinstraße in Ediger

gelangt. Alpine Eindrücke im Moseltal.

Die Moselpromenade von Ediger-Eller gehört zu den schönsten Ortsansichten entlang der Mosel. Ein „Kulturweg der Religionen" zeigt christliches und jüdisches Leben der Region, und die Kreuzkapelle am Ende des historischen Kreuzweges beherbergt das weit über die Mosel hinaus bekannte Steinrelief „Christus in der Kelter". Ebenso eindrucksvoll ist die Klosterruine Stuben, die heute ein Kulturzentrum und Ort zahlreicher Veranstaltungen ist, auf der gegenüberliegenden Moselseite.

ladders help the climber get safely up the precipice – Alpine impressions in the Moselle valley.

The Moselle promenade at Ediger-Eller is among the most beautiful town views along the Moselle river. A "cultural path of religion" displays Christian and Jewish life of the region, and the Chapel of the Cross at the end of the historic Way of the Cross houses the stone carving "Christ in the Winepress", which is famous well beyond the Moselle region. The ruins of cloister Stuben on the opposite bank of the Moselle are just as impressive. Today, they house a centre of culture, offering a wide range of events.

over de steile helling te raken. Alpiene belevenissen in het Moezeldal.

De Moezelpromenade van Ediger-Eller behoort tot de mooiste dorpsgezichten langs de Moezel. Een 'cultuurroute van religies' toont het christelijke en joodse leven in de regio, en de Kruiskapel op het einde van de historische Kruisweg herbergt het ver buiten de Moezelregio bekende steenreliëf 'Christus in de wijnpers'. Al even indrukwekkend is de kloosterruïne van Stuben aan de andere kant van de Moezel. Vandaag vormt de ruïne een cultuurcentrum en worden er veel evenementen gehouden.

Blick vom Calmont auf Klosterruine Stuben und Moselschleife

View from Calmont of the ruins of Stuben Monastery and Moselle river bight

Zicht vanaf Calmont op de kloosterruïne van Stuben en Moselschleife

Klosterruine Stuben *Ruins of Stuben Monastery* *Kloosterruïne van Stuben*

Fachwerkhaus an der Kirchstraße in Ediger *Half-timbered house in Kirchstraße in Ediger* *Vakwerkhuis aan de Kirchstraße in Ediger*

Pfarrkirche St. Martin in Ediger

Parish church of St. Martin in Ediger

Parochiekerk St. Martin in Ediger

Blick vom Calmont-Klettersteig auf Bremm *View of Bremm as seen from Calmont hiking trail*

Zicht vanaf het klimpad op de Calmont naar Bremm

Malerische Fachwerkhäuser in Ediger

Picturesque half-timbered houses in Ediger

Schilderachtige vakwerkhuizen in Ediger

Verkehrsamt Mosel-Calmont-Region in Ediger

Tourist office for the Moselle-Calmont region in Ediger

Toeristische dienst van de regio Moezel-Calmont in Ediger

Weingut Frh. v. Landenberg in Eller

Vineyard Frh. v. Landenberg in Eller

Wijngaard Frh. v. Landenberg in Eller

Fachwerkhaus in Bremm

Half-timbered house in Bremm

Vakwerkhuis in Bremm

Blick vom Calmont-Höhenweg auf das Moseltal *View of the Moselle valley from the Calmont trail*

Zicht vanaf de Calmont-hoogteroute op het Moezeldal

Die Kreuzkapelle und das berühmte Relief „Christus in der Kelter“ aus dem 16. Jahrhundert am Kulturweg der Religionen

The Chapel of the Cross and the famous relief of "Christ in the Winepress", dating back to the 16th century, on the Cultural Path of Religion

De kruiskapel en het beroemde reliëf ‘Christus in de wijnpers’ uit de 16de eeuw langs de Cultuurroute der Religies

Römisches Bergheiligtum auf dem Calmont

Roman mountain sacrum on the Calmont trail

Romeins bergheiligdom op de Calmont

Kreuzwegstation am Kulturweg der Religionen

Station of the Cross on the Cultural Path of Religion

Kruiswegstation op de Cultuurroute der Religies

Kunst und Weinkultur

In manchen Orten ist die Kultur zu Hause. Künstler haben in Senheim aus unterschiedlichen Materialien Skulpturen gefertigt, die im Skulpturenpark besichtigt werden können. Lesenswertes gibt es auf dem Literatenweg. Hier findet der Wanderer die Möglichkeit, sich von Gedichten am Wegesrand inspirieren zu lassen.

Wenige Kilometer weiter finden sich Zeugen der römischen Vergangenheit. Hoch in den Weinbergen von Nehren, das bereits im 7. Jahrhundert erstmals urkundlich erwähnt

Art and wine cultivation

The area is also awash with cultural attractions. In Senheim artists have created sculptures of various materials that can be viewed in the sculpture garden. There is much worth reading along the literary path. Here the hiker finds the opportunity for inspiration by poems that grace the edge of the path.

A few kilometres further on you will find remains that testify to the Roman past of the region. High in the vineyards of Nehren, which was mentioned in documents as early as the 7th century and thus is among the

Kunst- en wijncultuur

In vele plaatsen voelt de cultuur zich thuis. Kunstenaars hebben in Senheim uit verschillende materialen beeldhouwwerken vervaardigd, die men in het sculpturenpark kan bekijken. Leesvoer kan u dan weer vinden op de 'literatorenroute'. Hier kan de wandelaar zich laten inspireren door gedichten langs de kant van de weg.

Enkele kilometers verder liggen nog enkele stille getuigen van het Romeinse verleden. Hoog in de wijnbergen van Nehren, dat reeds in de 7de eeuw voor het eerst vermeld werd en daarmee

Skulpturenpark bei Senheim

Park of sculptures near Senheim

Sculpturenpark bij Senheim

Römergräber am Kulturweg bei Nehren

Roman burial site at the cultural trail near Nehren

Romeinse graven langs de Cultuurroute bij Nehren

wurde und damit zu den ältesten Mosel-Dörfern gehört, gibt es zwei römische Grabkammern, deren Gewölbemalerei aus dem 3. und 4. Jahrhundert zu den einzigen orginal erhaltenen nördlich der Alpen gehört. Ein Kulturweg verbindet den Moselort Nehren mit diesen Römergräbern.

In Mesenich gibt es den „Weg der Mesenicher Steinreichskäpp“, wo in Stein gemeißelte Köpfe von Mesenichern zu sehen sind. Eine liebevolle Reminiszenz an diesen „steinreichen“ Ort, dessen viele Steinhaufen in den Weinbergen den Bewohnern diesen Spitznamen gaben.

oldest Moselle villages, there are two Roman burial chambers whose vault paintings dating back to the 3rd and 4th centuries are the only original paintings of this kind north of the Alps to have been preserved. A cultural path connects the Moselle village of Nehren with these Roman graves.

In Mesenich the “Path of Mesenich’s Steinreichskäpp” has been created, where the heads of inhabitants of Mesenich have been chiselled into stone – a fond reminder of the nickname “steinreich” attributed to the locals, whose vineyards are speckled with stones.

tot de oudste Moezeldorpen behoort, liggen twee Romeinse grafkamers met gewelfschilderingen die uit de 3de en de 4de eeuw stammen en de enige origineel bewaard gebleven schilderingen ten noorden van de Alpen vormen. Een cultuurroute verbindt het Moezeldorp Nehren met deze Romeinse graven.

In Mesenich treft men de ‘Weg der Mesenicher Steinreichskäpp’ aan, waar uit steen gehouwen hoofden van inwoners van Mesenich te zien zijn. Een liefdevolle herinnering aan deze ‘steenrijke’ plaats met zijn kenmerkende steenhopen te midden van de wijnbergen, die de bewoners deze bijnaam gaven.

Der „Schinkenkeller“ in Senheim

The "Schinkenkeller" in Senheim

De ‘Schinkenkeller’ in Senheim

Straußwirtschaft in Senheim *Vintners' tavern in Senheim* *Wijnhuisje in Senheim*

Senheim-Senhals Senheim-Senhals Senheim-Senhals

Historisches Winzerhaus (Mitte) in Mesenich mit Straußwirtschaft

Historical vintner's house (centre) in Mesenich with vintner's tavern

Historisch wijnbouwershuis (in het midden) in Mesenich met wijnhuisje

Blick auf Briedern

View of Briedern

Zicht op Briedern

Weinmuseum Schlagkamp in Senheim

Wine museum Schlagkamp in Senheim

Wijnmuseum Schlagkamp in Senheim

Winzerhaus in Nehren

Vintner's house in Nehren

Wijnbouwershuis in Nehren

Freizeit an der Mosel

Die Mosel ist ein Freizeitparadies. Für Wanderer ist das Ferienland Cochem ein wahres El Dorado. Der Moselhöhenweg gewährt entlang der Steillagen-Kanten wunderschöne Blicke ins Tal. Wanderwege führen durch die Weinberge, wo den Wanderer gerade im Herbst ein unvergleichliches Farbenspiel der Reben erwartet.

Per Pedes, Paddel und Pedal lässt sich dieser Landstrich erkunden. In den vergangenen Jahren sind hier zahlreiche Radwege ausgebaut worden, für

Leisure time on the Moselle

The Moselle region is a leisure time paradise, with Cochem as a veritable El Dorado for hikers. The Moselle mountain trail affords wonderful views of the valley along the edges of its steep slopes. Hiking trails lead through the vineyards, where especially in autumn hikers can expect to be greeted by an incomparable kaleidoscope of colours among the vines.

This stretch of country can be explored on foot as well as with the use of pedals. In recent years numerous cycling paths have been constructed. In

Vrije tijd aan de Moezel

De Moezel is een echt vrijetijdsparadijs. Voor wandelaars vormt Vakantieland Cochem een waar eldorado. De Moezelhoogtenroute trakteert de wandelaars langs de randen van de steile hellingen op wondermooie vergezichten in het dal. Wandelwegen voeren over de wijnbergen, waar de wandelaars in de herfst kunnen genieten van een weergaloos kleurenspel in de wijnranken.

De regio kan met de benenwagen maar ook per stalen ros verkend worden. De laatste jaren werden hier

Einzigartig in den Weinbergen gelegen: das Freibad Ellenz-Poltersdorf

Uniquely situated among the vineyards: The swimming baths of Ellenz-Poltersdorf

Uniek gelgen tussen de wijnbergen: het openlucht-zwembad van Ellenz-Poltersdorf

leichte Touren entlang der Mosel, aber auch mit anspruchsvollen Strecken für Radsportfans und -profis. Ganz besondere Einblicke ins Moseltal bietet zudem eine Schiffstour. Die Fahrt auf dem Schiff von Cochem nach Beilstein mit einer Schleusenfahrt ist ein Erlebnis. Zahlreiche Hotels, Pensionen und Privatquartiere sorgen zudem dafür, dass die Urlauber sich hier wohl fühlen. Und auch die vielen Campingplätze haben ihren Reiz.

addition to easy tours along the Moselle, they also include challenging segments for cycling fans and professionals alike. Moreover, a boat tour offers very special insights into the Moselle valley. The ride from Cochem to Beilstein with a trip through the locks is something to be experienced. The many hotels, boarding houses and private accommodations also ensure that vacationers are well catered for throughout the region. The many camping grounds also have a certain appeal.

verschillende fietsroutes aangelegd, zowel voor ontspannen tochtjes langs de Moezel als voor uitdagende tochten voor geoefende wielerfanaten en profs. Ook een boottochtje biedt mooie zichten op het Moezeldal. Het boottochtje van Cochem naar Beilstein, dat ook via een sluis passeert, is een ware belevenis. Talrijke hotels, pensions en kamers zorgen ervoor dat de vakantieganger zich hier al snel thuis voelt. En ook de vele kampeerterreinen maken het hun gasten naar de zin.

Kanufahrer vor dem Campingplatz Bruttig

Canoeists passing a camping site in Bruttig

Kanovaarders voor de camping in Bruttig

Schiffsfahrt mit der „Wappen von Cochem“

Trip on the "Wappen von Cochem"

Een boottochtje met de ‘Wappen von Cochem’

Fahrradfahrer im Ferienland Cochem

Cyclists enjoying the area around Cochem

Fietsers in Vakantieland Cochem

Wandern im Weinberg

Hiking through the vineyard

Wandelen op de wijnberg

Weinromantik an der Terrassenmosel

Die Mosel ist Deutschlands älteste Weinregion, schon die Römer und die Kelten haben vor 2000 Jahren die ersten Reben gepflanzt. Einmal im Jahr wird in den Weinorten an der Mosel der Rebensaft groß gefeiert. Die Wein- und Heimatfeste locken zahlreiche

The romance of wine on the Moselle terraces

The Moselle is the oldest wine-producing region in Germany, where the Romans and Celts already planted the first vines 2000 years ago. Once a year the wine-growing towns and villages along the Moselle celebrate the grape in great style. The local fairs and wine

Wijnromantiek op de terrassen van de Moezel

De Moezel is de oudste wijnregio van Duitsland. Het waren immers de Romeinen en de Kelten die hier 2000 jaar geleden de eerste wijnranken aanplantten. Eén keer per jaar wordt in de wijndorpen langs de Moezel het druivennat uitbundig gevierd. De wijn- en

Blick vom Breva-Weg auf Bruttig-Fankel

View from the Breva trail of Bruttig-Fankel

Besucher an. In Ernst, Bruttig-Fankel und Valwig haben Winzer ein einzigartiges Projekt ins Leben gerufen, den Breva-Weg. Die moseltypische Landschaft entdecken und dabei einen hervorragenden Wein erleben, das ist hier das Ziel. Und ein Erlebnis für jeden, der sich darauf einlässt. Bruttig-Fankel beispielsweise. Das historische Rathaus in Bruttig, das verwinkelte Rathaus in Fankel,

festivals draw a great number of visitors. In Ernst, Bruttig-Fankel and Valwig the vintners have launched a very unique project, the Breva Route. Its goal is to have people explore the typical Moselle landscape while enjoying an outstanding wine. And it is indeed an experience for anyone who opts to take it. Let's take Bruttig-Fankel, for example. The historic town hall in Bruttig, the nooks and

folkloristische feesten trekken steeds vele bezoekers aan. In Ernst, Bruttig-Fankel en Valwig hebben wijnboeren zelfs een uniek project op het getouw gezet: de Brevaroute. Het typische Moezellandschap ontdekken en daarbij genieten van een uitgelezen wijn, dat is de bedoeling. Een ware belevenis voor iedereen die meedoet. In Bruttig-Fankel bijvoorbeeld. Met het historische stadhuis in

Zicht vanaf de Breva-route op Bruttig-Fankel

die Fachwerkhäuser und Gassen machen den Ort zum Erlebnis.

Einen besonderen Farbtupfer liefert die Terrassenmosel jeden Frühling. Dann erstrahlen viele Weinberge in einem zarten Rosa, wenn der Rote Mosel-Weinbergpfirsich blüht, der in den vergangenen Jahren eine Renaissance erlebte.

crannies of the town hall in Fankel, the historic half-timbered houses and winding streets make this place an experience to remember.

Every spring this section of the Moselle provides an exceptional splash of colour. That is when many vineyards glow in a delicate shade of pink with the blooming of the red Moselle vineyard peach which has enjoyed a renaissance in recent years.

Bruttig, het op een doolhof lijkende stadhuis in Fankel, en d vakwerkhuizen en steegjes die van deze plaats een ware belevenis maken.

Elke lente stralen de terrassen van de Moezel in bijzondere kleurschakeringen. De wijnbergen baden dan immers i een zachtroze kleur, omdat dan de rode moezelwijnbergperzik – die de afgelopen jaren een ware herleving meemaakte – in volle bloei staat.

Altes Rathaus, Bruttig

Old town hall in Bruttig

Oude stadhuis, Bruttig

„Schunksches Haus“ und „Alte Winzerschenke“ in Bruttig

"Schunksches Haus" and "Alte Winzerschenke" in Bruttig

'Schunksches Haus' en 'Alte Winzerschenke' in Bruttig

Doppelhaus mit Schwebegiebel von 1517, Fankel

Semi-detached house with gable-ended roofs, dating back to 1517, Fankel

Dubbelhuis met puntgevel uit 1517, Fankel

Blick auf Bruttig *View of Bruttig*

Zicht op Bruttig

Historische Bebauung der Rathaus- und Brunnenstraße im Ortsteil Fankel

Historical buildings in Rathaus- and Brunnenstraße in Fankel

Historische bebouwing in de Rathaus- en Brunnenstraße in de deelgemeente Fankel

Spätgotischer Glockenturm der alten Kirche (14. Jh.) in Poltersdorf

Late Gothic bell tower of the old church in Poltersdorf (14th century)

Laatgotische klokkentoren van de oude kerk (14de eeuw) in Poltersdorf

Altes Rathaus in Ellenz

Old Town Hall in Ellenz

Oude stadhuis in Ellenz

Romanische Kirche St. Salvator in Ernst

Romanesque church of St. Salvator in Ernst

Romaanse kerk St. Salvator in Ernst

Weinfest in Bruttig *Wine festival in Bruttig* *Wijnfeest in Bruttig*

Die „Original Klingenden Moselländer“ aus Bruttig-Fankel spielen beim Weinfest

The "Original Klingenden Moselländer" choir from Bruttig-Fankel performing at the wine festival

De 'Original Klingenden Moselländer' uit Bruttig-Fankel spelen op een wijnfeest

Blumengeschmückter Festwagen beim Weinfestumzug

Float at the wine festival decorated with flowers

Met bloemen versierde praalwagen tijdens de wijnfeestprocessie

Abschlussfeuerwerk

Fireworks as a grand finale

Afsluitend vuurwerk

Im Land des Moselschiefers

Der Moselschiefer kann bereits auf eine mehr als 400-jährige Geschichte zurückblicken. Dabei stammt dieser Schiefer überhaupt nicht von der Mosel, sondern aus der angrenzenden Vulkaneifel. Doch hier von der Mosel aus nahm er seinen Weg in die weite Welt.

Der Name „Moselschiefer" erinnert an den früher üblichen Transportweg. Bereits im 19. Jahrhundert wurde der Schiefer aus der Eifel nach Klotten gebracht, wo Moselkähne ihn dann in alle Welt lieferten.

In the land of Moselle slate

Moselle slate can look back on a history spanning more than 400 years. Although this slate does not actually originate from the Moselle at all, but rather from the neighbouring Volcanic Eifel, it was from here on the Moselle that it made its way into the wide world beyond.

The name Moselle slate goes back to its customary transport path of past days. As early as the 19th century, the slate was brought from the Eifel to Klotten, from where it made its way to the rest of the world via

In het land van de Moezelleisteen

De Moezelleisteen kan reeds terugblikken op een geschiedenis van meer dan 400 jaar. Deze leisteen stamt eigenlijk helemaal niet van de Moezel, maar komt uit de aangrenzende Eifel. Maar vanuit de Moezelstreek heeft hij zijn weg gevonden naar de hele wereld.

De naam 'Moezelleisteen' herinnert aan de vroeger gebruikelijke transportweg. Reeds in de 19de eeuw werd de leisteen uit de Eifel naar Klotten gebracht, vanwaar Moezelkanen hem dan naar de rest van de

Burgruine Coraidelstein

Coraidelstein castle ruin

Burchtruïne Coraidelstein

Katholische Kirche St. Maximinus in Klotten

Catholic church of St. Maximinus in Klotten

Katholieke kerk St. Maximinus in Klotten

Heute erinnert am ehemaligen Verladehafen ein „Haus Moselschiefer“ mit einer Ausstellung und einer alten Lore an diese Zeit. Und die Moselschiefer-Straße verbindet die Regionen Mosel und Vulkaneifel miteinander.

Nahe Klotten lädt ein kleines Seitental zum Entdecken ein: das Dortebachtal. In diesem kleinen Naturschutzgebiet findet sich eine überraschend große Vielzahl an Pflanzen und Tieren. Serpentinen führen hinauf aufs Plateau, unterwegs lädt ein Wasserfall zum Verweilen ein.

Moselle barges. Today, at the former port of lading, a Moselle slate house, including an exhibition and an old slate cart, reminds us of that time. The Moselle slate route connects the regions of the Moselle and the Volcanic Eifel with one another.

In the vicinity of Klotten a small tributary valley invites discovery: the Dortebach (Dorte stream or creek) valley. This small nature reserve contains a surprisingly large variety of plants and animals. Serpentine paths lead up to the plateau, while along the way a waterfall invites visitors to linger for a while.

hele wereld brachten. Vandaag herinnert enkel nog ‘Haus Moselschiefer’ in de laadhaven met een tentoonstelling en een oude lorrie aan die lang vervlogen tijden. En natuurlijk de Moezelleisteenroute die de regio’s Moezel en Vulkaaneifel met elkaar verbindt.

In de buurt van Klotten kan u nog een klein zijdal ontdekken: het Dortebachdal. In dit kleine beschermde natuurgebied leeft een verrassend grote hoeveelheid planten en dieren. Haarspeldbochten leiden tot boven op het plateau, terwijl u onderweg even bij een waterval kan verpozen.

Vom Dortebachtal aus gelangt man zu dem Aussichtspunkt „Kasteschkopp“ mit Blick auf Klotten

The trail from the Dortebachtal leads to the observation point "Kasteschkopp", affording a spledid view of Klotten

Vanuit het Dortebachdal kan men het uitzichtpunt 'Kasteschkopp' met zicht op Klotten bereiken

Wasserfall im Dortebachtal

Waterfall in Dortebachtal

Waterval in het Dortebachdal

Fähre bei Klotten

Ferry near Klotten

Veerboot bij Klotten

Durch das Tal der wilden Endert in die schöne Eifel

Die „wilde Endert", so heißt ein wildromantisches Seitental der Mosel, das von Cochem in die Eifel führt. 34 Mühlen gab es früher mal, deren Mühlräder von den rauschenden Wassern des Baches gespeist wurden. Die noch erhaltenen Mühlen sind mittlerweile zu gemütlichen Wohnhäusern umgebaut worden, an die anderen erinnern heute meist nur noch Ruinen.

Manchmal ruhig, manchmal wild brausend bahnt sich der Bach hier seinen Weg. Der

Through the valley of the wild Endert into the beautiful Eifel

The "wild Endert" is the name of a romantic tributary valley of the Moselle that leads from Cochem to the Eifel region. Once upon a time there were 34 mills here whose wheels were powered by the roaring water of the stream. Some of the mills have since been converted into cosy homes, whilst the others have fallen into ruin.

The stream continues to carve out its path, flowing tranquilly in some places or with full force in others. With a seven-metre

Door het dal van de wilde Endert naar de mooie Eifel

De 'wilde Endert', dat is de naam van een wildromantisch zijdal van de Moezel, dat van Cochem naar de Eifel voert. Vroeger stonden hier 34 molens, met molenraden die gevoed werden door het kolkende water van de beek. De molens die de tand des tijds hebben overleefd, zijn intussen omgebouwd tot gezellige woonhuizen; van de andere molens blijft meestal niet veel meer dan ruïnes over.

Nu eens rustig kabbelend, dan weer wild kolkend baant de beek zich hier zijn weg. De zeven meter

Göbelsmühle im Enderttal

Göbelsmühle in Enderttal

Göbelsmühle in het Endertdal

sieben Meter hohe Wasserfall „Die Rausch" beindruckt jeden, an den Ufern des Baches findet sich eine reiche Flora und Fauna. Die Strecke ist Teil des „Karolingerwegs" von Prüm nach Cochem. Auch viele Jakobspilger machen sich gern durch dieses Tal auf den Weg Richtung Santiago de Compostela.

Von der Endert aus gelangt man gut in die Eifeldörfer des Ferienlandes Cochem mit ihrem ganz eigenen Charme und ihrer dörflichen Idylle. Hier kann man die Eifellandschaft kennen lernen. Es ist Natur im Überfluss.

drop, the waterfall "Die Rausch" impresses everyone, while the shores of the stream are rich with an abundance of flora and fauna. This stretch is part of the Carolingian route from Pruem to Cochem. Many Jacobean pilgrims are happy to make their way through this valley on their way towards Santiago de Compostela.

From the Endert valley one easily reaches the Eifel villages, with their own unique charm and their idyllic village atmosphere. Here is where you can acquaint yourself with the Eifel landscape and its abundance of nature.

hoge waterval 'die Rausch' is voor iedereen indrukwekkend, en langs de oevers van de beek treft men een rijke flora en fauna aan. Het traject vormt een gedeelte van de 'Karolingersroute' van Prüm naar Cochem. Ook vele pelgrims trekken graag door dit dal op hun weg naar Santiago de Compostela.

Via het dal van de Endert raakt men makkelijk in de Eifeldorpen van Vakantieland Cochem, met hun geheel eigen charme en dorpse idylle. Hier kan men het Eifellandschap leren kennen. Hier is er natuur in overvloed.

Im Tal der wilden Endert

In the valley of the wild Endert

In het dal van de wilde Endert

Katholische Kirche St. Stephanus in Faid

Catholic church of St. Stephanus in Faid

Katholieke kerk St. Stephanus in Faid

Katholische Kirche St. Nikolaus in Dohr

Catholic church of St. Nicholas in Dohr

Katholieke kerk St. Nikolaus in Dohr

Katholische Kirche St. Margaretha in Wirfus

Catholic church of St. Margaretha in Wirfus

Katholieke kerk St. Margaretha in Wirfus

Dorfmitte von Greimersburg *Centre of Greimersbur village* *Dorpscentrum van Greimersburg*

Golfplätze am Ferien- und Golfresort Cochem/Ediger-Eller *Golf links at the holiday resort Cochem/Ediger-Eller* *Golfterreinen in het vakantie- en golfresort van Cochem/Ediger-Elle*

Ausflugstipps in die Region

Die Mosel ist ein Land der Burgen. Die Reichsburg, die Winneburg in ihrem Schatten, die Coraidelstein bei Klotten, die Metternich, sie alle sind ein Blickfang. Doch die bekannteste Burg liegt in einem Seitental der Mosel, die Burg Eltz. Niemals erobert, niemals zerstört, schlägt sie jeden Besucher in ihren Bann. Eine Burgführung entführt in die Welt des Mittelalters und dessen Architektur. Ein Besuch in der Schatzkammer in den Kellergewölben zeigt eine beeindruckende Gold- und Schmiedekunstsammlung aus sieben Jahrhunderten. Seit mehr als 800 Jahren ist die Eltz Familienbesitz, sie ist zum Inbegriff deutscher Burgen geworden, die sogar auf dem früheren 500-Mark-Schein verewigt wurde.

Tips for excursions in the region

The Moselle is the land of castles. Reichsburg, Winneburg in its shadow, Coraidelstein at Klotten, Metternich – they are all eye-catchers. Yet the most famous castle is situated in a tributary valley of the Moselle, Eltz Castle. Never conquered, never destroyed, it casts its spell over everyone. A tour of the castle carries you back into the world of the Middle Ages and its unique architecture, while a visit to the treasure chamber in the cellar vaults allows you to view an impressive collection of gold and blacksmithing artefacts from seven centuries. The Eltz has been family property for over 800 years and has become the epitome of German castles, even being immortalized on the former 500 Mark banknote.

Tips voor uitstapjes in de omgeving

De Moezel is een land van burchten. De Rijksburcht met in zijn schaduw de Winneburcht, de Coraidelstein bij Klotten, de burcht van Metternich, stuk voor stuk blikvangers. De bekendste burcht ligt echter in een zijdal van de Moezel, namelijk burcht Eltz. Nooit veroverd, nooit verwoest. Deze burcht krijgt meteen iedere bezoeker in zijn ban. Een rondleiding door de burcht brengt de bezoeker naar de wereld van de middeleeuwen en de middeleeuwse architectuur. Tijdens een bezoek aan de schatkamer in de keldergewelven kan u een indrukwekkende goud- en smeedkunstcollectie uit zeven eeuwen aanschouwen. Burcht Eltz is al meer dan 800 jaar familiebezit, en is intussen het schoolvoorbeeld van Duitse

Burg Eltz

Eltz Castle

Burcht Eltz

Deutsches Eck in Koblenz, am Zusammenfluss von Rhein und Mosel

The Moselle flows into the Rhine at the "Deutsches Eck" in Koblenz.

'Deutsches Eck' in Koblenz, bij de samenvloeiing van de Rijn en de Moezel

Geschichte ist in Koblenz zu finden. Ebenfalls römischen Ursprungs, können hier die verschiedenen historischen Epochen entdeckt werden. Die kurtrierische Zeit, an die das Schloss erinnert, ebenso wie die Preußen, die Koblenz zur Festungsstadt ausbauten mit dem Ehrenbreitstein hoch über der Stadt. Heute zählt die Stadt, in der am Deutschen Eck die Mosel in den Rhein mündet, zu den liebenswertesten Städten in Deutschland.

Die Moselregion stand immer in enger Verbindung zur alten Römerstadt Trier. „Augusta Treverorum“ ist die älteste Stadt Deutschlands, die römischen Baudenkmäler wie die Porta Nigra oder die Kaiserthermen und die Basilika sind einzigartig nördlich der Alpen. Und als älteste Bistumsstadt Deutschlands war Trier auch für die Christianisierung der Moselregion von großer Bedeutung.

Koblenz is a city brimming with history. Also of Roman origin, it is a repository of various historic eras. This includes the age of the Electorate of Trier, of which the palace is reminiscent, as well as the era of the Prussians, who developed Koblenz into a fortified town, with the Ehrenbreitstein citadel high above the city. Today Koblenz, in which the Moselle flows into the Rhine at the “German corner”, is among the most endearing cities in Germany.

The Moselle region has always been closely associated with the old Roman city of Trier. “Augusta Treverorum” is the oldest city in Germany, whose Roman monuments such as the Porta Nigra or the imperial baths and the basilica are unique north of the Alps. As the oldest diocese city in Germany, Trier was also of great significance for the Christianisation of the Moselle region.

burchten geworden. De burcht is zo bekend dat ze zelfs op de vroegere briefjes van 500 mark prijkte.

Geschiedenis treft men ook in Koblenz aan. Deze stad is eveneens van Romeinse oorsprong en laat de bezoeker verschillende historische tijdperken ontdekken. Zo bijvoorbeeld de tijd toen Trier nog een keurstad was, met het slot als stille getuige, en de Pruisische tijd, toen Koblenz werd uitgebouwd tot een vestingstad met de vesting Ehrenbreitstein die hoog boven de stad uittroont. Vandaag behoort deze stad, waar bij de Deutsches Eck de Moezel in de Rijn uitmondt, tot de meest geliefde steden van heel Duitsland.

De Moezelregio onderhield steeds nauwe betrekkingen met de oude Romeinse stad Trier. Augusta Treverorum is de oudste stad van Duitsland, de Romeinse monumenten zoals de Porta Nigra of de keizersthermen en de basiliek zijn uniek ten noorden van de Alpen. En als oudste bisdomstad van Duitsland was Trier ook voor de kerstening van de Moezelregio van groot belang.

Porta Nigra in Trier

Porta Nigra in Trier

Porta Nigra in Trier

Neubau-
gebiet
Greimersburg
Wirfus
Lesche-Hof Siedlung
Lauteln
Cochemer
Forst
Trimmet
Jünkernwald
Wild- und Freizeitpark
Klotten
49
Gevenich
259
Endert
Faid
COCHEM
Reichsburg
Cochem
Weiler
Daustert
BRAUHECK
Kremerhof
Fliegerkaserne
Dohr
Gewerbegebiet
Cochem-Brauheck
Staatsforst
Cochem
Groß Summet
Cochemer
Forst
Kaiser-Wilhelm-Tunnel
Golfplatz
Staatsforst Cochem
Ellerwald
Calmont
379
49
Ruine
Kloster Stuben
Eller
Bremm
Ediger-Eller
Mosel
Ediger
Beuren
Neef
Stausee
St. Aldegund
N
St. Aldegund
Mosel
© Revilak Kartografien